AF591742

22 Juillet 1890 2 16 Graat

2me VENTE

Maison LANGUEREAU

Les Mardi 22, Mercredi 23, Jeudi 24 et Vendredi 25 Juillet 1890

A DEUX HEURES PRÉCISES

23, BOULEVARD BEAUMARCHAIS, 23

MODÈLES

POUR

BRONZES D'ÉCLAIRAGE ET D'AMEUBLEMENT

AVEC DROIT DE REPRODUCTION

PROVENANT

De la Maison LANGUEREAU

Fabricant de Bronzes à Paris

PAR SUITE DE CESSATION DE FABRICATION

EXPOSITION PUBLIQUE

Les Dimanche 20 et Lundi 21 Juillet 1890

DE 10 HEURES DU MATIN A 4 HEURES DU SOIR

Me Frédéric LECOCQ
COMMISSAIRE-PRISEUR
20, rue de la Victoire, 20

M. G. SERVANT ❄
EXPERT
16, boulevard du Temple, 16

PARIS — 1890

IMPRIMERIE MAULDE ET RENOU

A. MAULDE & Cie

IMPRIMEURS DE LA COMPAGNIE DES COMMISSAIRES-PRISEURS

Rue de Rivoli, 144

1er Vendre — 8106.
2e " 6491
3e " 3216
4 " 210

2me VENTE

CATALOGUE

DES

MODÈLES

POUR

BRONZES D'ÉCLAIRAGE ET D'AMEUBLEMENT

AVEC DROIT DE REPRODUCTION

Bras styles Louis XIV, Louis XV et Louis XVI
Patères, Consoles, Appliques, Branches pour bras, Lanternes
Styles Louis XIII, Louis XIV, Louis XV et Louis XVI,
Montures pour vases, Surtout de table,
Chenets, Candélabres, Flambeaux, Vases, etc.

PROVENANT

De la Maison LANGUEREAU

Fabricant de Bronzes à Paris

Par suite de Cessation de Fabrication

DONT LA VENTE AUX ENCHÈRES PUBLIQUES AURA LIEU

23, BOULEVARD BEAUMARCHAIS, 23

Les Mardi 22, Mercredi 23, Jeudi 24 et Vendredi 25 Juillet 1890

A DEUX HEURES PRÉCISES

Me FRÉDÉRIC LECOCQ — COMMISSAIRE-PRISEUR — *20, rue de la Victoire, 20*

M. G. SERVANT — EXPERT — *16, boulevard du Temple, 16*

EXPOSITION PUBLIQUE

Les Dimanche 20 et Lundi 21 Juillet 1890

DE 10 HEURES DU MATIN A 4 HEURES DU SOIR

PARIS — 1890

CONDITIONS DE LA VENTE

Elle sera faite au comptant.

Les Acquéreurs paieront CINQ POUR CENT, en sus des enchères, applicables aux frais.

Ils seront tenus de prendre la **Fonte brute** existant pour chacun des Modèles, au prix de **3 francs 50 le kilogramme.**

Le **Poids de la Fonte** sera indiqué au moment de la mise en vente de chaque Modèle.

La **livraison** mettant les acquéreurs à même de vérifier l'état des objets vendus, de même que les quantités ou poids énoncés, il ne sera admis aucune réclamation, une fois la **livraison opérée**.

NOTA. — La Lustrerie et le reste du Luminaire feront l'objet d'une troisième vente.

TABLE

A. MAULDE et Cie, imprimeurs de la Compagnie des Commissaires-Priseurs
rue de Rivoli, 144. 600—7452

DÉSIGNATION

BRAS

STYLES LOUIS XIV, LOUIS XV ET LOUIS XVI

1 — Bras **Louis XVI**, grand modèle riche, à 14 lumières, patère avec buste de femme de Auguste Moreau, couronnes, chutes de fleurs et suspension à ruban.

2 — Bras **Louis XIV**, grand modèle, à 2 branches pour le gaz, sur patère à médaillon et chutes de lauriers. Un enfant est assis dans le haut, portant une cassolette, partie et contre-partie, tête de lion, etc.

3 — Bras **Louis XVI**, carquois à oiseaux, à 3 lumières, branche cariatide, enfant.

Modèle Trianon.

Fondu sur ancien.

4-5-6-7 — Bras **Louis XV,** à 3 branches, partie et contre-partie.

Fondu sur ancien.

Bras **Louis XV,** à 5 branches augmentation des n°s 4 et 5.

8 — Bras **Louis XIV,** à 3 branches, patère, brandon à flamme.

Fondu sur ancien.

9 — Bras **Louis XV,** à 2 branches, tête d'homme.

Fonte seulement.

Fondu sur ancien.

10 — Bras **Louis XVI,** à 3 lumières, patère carquois à oiseaux.

Fondu sur ancien.

11-12 — Bras **Louis XV,** à 3 lumières, grosses branches.

Patère **Louis XV,** agrandi sur le n° 11.

Fondu sur biscuit de Sèvres, ancien.

13 — Bras **Louis XVI,** branche à rinceaux, petite **gaîne,** vase à guirlande.

14 — Bras **Louis XIV**, à une branche, patère à têtes de béliers.

15 — Bras **Louis XIV,** 3 branches, patère à **gaîne** et vase.

Fondu sur ancien.

16 — Bras **Louis XIV,** 3 branches contournées, guirlande, flamme et nœud.

Fondu sur ancien.

17 — Bras **Louis XIV,** à 2 branches, patère longue à guirlande et petit vase.

Fondu sur ancien.

18 — Bras **Louis XIV,** à 2 branches, patère enfant ailé.

19 — Bras **Louis XIV,** à 3 branches, patère guirlande lauriers et vase à guirlandes.

Fondu sur ancien.

20 — Bras **Louis XIV,** à 2 branches, patère carquois et ruban.

Fondu sur ancien.

21 — Bras **Louis XIV,** à 3 branches, guirlande lauriers et vase.

Fondu sur ancien.

22 — Bras **Louis XVI,** branches têtes d'aigle. Sur patère longue, brandon.

23 — Bras **Louis XIV,** à 3 branches, patère à gaine, vase à canaux tournant.

Fondu sur ancien.

24 — Bras **Louis XVI,** à 3 branches, patère à gaine et vase à guirlandes.

25 — Bras **Louis XIV,** à 2 branches, patère carquois. Fonte seulement.

Fondu sur ancien.

26 — Bras **Louis XVI,** grand modèle à 3 branches, grosses guirlandes, patère carquois. Modèle de Fontainebleau.

Fondu sur ancien.

27 — Bras **Louis XIV**, à 2 branches, patère longue à à Tête de Bélier.

Fondu sur ancien.

28-29 — Bras **Louis XV,** à 2 branches, pouvant se faire à 3 branches.

Fondu sur ancien.

30-31 — Bras **Louis XV,** à 2 branches.

Fondu sur ancien.

32 — Bras **Louis XIV,** à 2 branches, patère enfant, guirlande et casque.

Fondu sur ancien.

33-34 — Bras **Louis XV,** grand modèle, à 3 branches.

Fondu sur ancien.

35-36 — Bras **Louis XV,** à 3 branches, patères à fleurs.

Fondu sur ancien.

37 — Bras **Louis XIV**, grand modèle à 3 branches, patère à **gaine,** vase ovale.

Fondu sur ancien.

38 — Bras **Louis XIV,** grand modèle à 7 lumières, patère à gaine, vase ovale.

Fondu sur ancien.

39 — Bras **Louis XIV**, grand modèle, à 7 lumières, patère à **gaîne**, vase ovale, à canaux.

Fondu sur ancien.

40 — Bras **Louis XVI**, à 2 lumières, patère longue à volutes.

41-42 — Bras **Louis XV**, à 3 branches, cadencées, partie et contre-partie.

Fondu sur ancien.

43-44 — Bras **Louis XV**, à 3 branches, cadencées, partie et contre-partie.

45 — Bras **Louis XIV**, à 1 branche, patère à **gaîne** surmontée d'un casque.

Fondu sur ancien.

46-47 — Bras **Louis XV**, à 3 branches, patère à fleurs.

Fondu sur ancien.

48 — Bras **Louis XIV**, à branche, sur grande applique à trois départs.

En plus : la même applique à tête de femme.

49-50-51 — Bras **Louis XV**, grand modèle, à 3 lumières, partie et contre-partie.

Modèle de Fontainebleau.

Fondu sur ancien.

Deux grandes feuilles de patère pour agrandissement du bras ci-dessus.

52-53 — Bras **Louis XV**, à 3 lumières, terminées par des bassins à feuilles différentes.

Fondu sur ancien.

54 — Bras **Louis XIV**, à 5 lumières, sur patère carquois à flèche.

55 — Bras **Louis XIV**, bouquet de 3 branches diverses, sortant d'un fleuron à feuilles.

56-57 — Bras **Louis XV**, à 1 branche contournée, sur patère à feuille et coquille.

58 — Bras **Louis XIV**, pour 6 lumières, patère à jour avec plateau pour buste.

59-60 — Bras **Louis XIV**, pour 3 branches, patère à enfant. Partie et contre-partie.

Fondu sur ancien.

61-62 — Bras **Louis XV**, patère têtes d'Ange, sans lumière.

63-64 — Bras **Louis XV**, à 2 branches, bassin coquille.

Fonte seulement.

Fondu sur ancien.

65 — Bras **Louis XV**, à 3 branches.

66 — Bras **Louis XVI**, pour 3 branches dont deux à couronnes, patère et pendentif à nœud de ruban.

67-68-69 — Bras **Louis XIV**, patère à **gaîne**, homme et femme, pour bouquet de lumières. En plus, une troisième patère modifiée.

Bras **Louis XIV**, même modèle, réduit avec les figures.

70-71 — Bras **Louis XIV**, à deux branches, patère à **gaîne** à figures ailées.

Sans lumière.

72-73 — Bras **Louis XIV**, patère à **gaîne**, fille et garçon.

Sans lumière.

74 — Bras **Flamand,** petit modèle, branche carrée sur patère cartouche.

75-76 — Bras **Louis XV** à 2 branches.

77-78 — Bras **Louis XIV** à 5 lumières, branches contournées, patère à feuilles.

79 — Bras **Louis XVI**, cor de chasse, pour support de lampe, patère, feuille de chêne et cordes.

80 — Bras **Renaissance,** à femme ailée avec bouquet à 7 lumières, figure par Mathurin Moreau.

Modèle exécuté pour la Ville de Paris.

81-82 — Bras **Louis XV** à 5 lumières, branches contournées, patères rosace à feuilles.

83-84 — Bras **Louis XIV**, grand modèle à lyre, à 5 lumières.

Modèle de Versailles.
Fondu sur ancien.

Pièces en plus pour exécuter ledit Bras à 10 lumières.

85 — Bras **Louis XVI** à 3 lumières, branches descendantes, patère carquois, vase à flamme.

Fondu sur ancien.

86-87 — Bras **Louis XIV**, patère **gaine** à enfant.
Fondu sur ancien.

88 — Bras **Louis XIV** à 2 enfants sur patères et 2 sur branches.

89 — Bras **Louis XVI** à 3 lumières, patère formée par un vase allongé ornemanisé, têtes de femme et satyre.

90-91 — Bras **Louis XV** à 2 lumières, branches contournées sur patère à feuilles.

92 — Bras **Louis XIV** grand modèle, maîtresse branche carrée et une branche pour former le bouquet, patère à lauriers.

93 — Bras **Louis XIV** grand modèle, branche remontante. Préparé pour gaz.

94 — Bras **Louis XVI** à 2 lumières, patère à vase.

95 — Bras **Louis XVI** grand modèle, patère à feuilles et rinceaux.

96 — Bras **Louis XVI**, patère vase allongé, à têtes de femmes et rubans.
Fondu sur ancien.

97 — Bras **Louis XVI** grand modèle, carquois, lauriers, branches pour 14 lumières et une lampe.

98-99 — Bras **Louis XV** à 5 branches, partie et contre-partie.
Fondu sur ancien.

100 — Bras **Louis XVI** à 2 lumières, enfant pipeau.

101 — Bras **Louis XIV** à 3 lumières, patère à lyre avec tête.

Fondu sur ancien.

102 — Bras grand modèle à **lys**, à 3 lumières, sur patère longue à rubans.

Fondu sur ancien.

103-104 — Bras **Louis XIV**, grande patère, pour 3 branches.

Même modèle réduit pour 2 branches.

105 — Bras **Louis XIV** à 1 branche, grande patère à jour.

106 — Bras **Louis XVI** à 2 branches cordées avec attache et chute à baguettes torses et perles.

107 — Bras à 2 ou 3 lumières, **branches de lauriers** et chutes de glands.

108 — Bras **Louis XVI**, patère figure de femme, à 3 et 5 lumières.

108 *bis* — Bras **Louis XVI**, 3 lumières descendantes à têtes d'aigle, sur patère allongée.

PATÈRES, CONSOLES, APPLIQUES BRANCHES ET CULOTS POUR BRAS

109 — Grande Console **Louis XVI**, avec grosse branche pour bouquet ou lampe.

110 — Patère **Coquille** à chute de fleurs.

111-112 { Appliques **Louis XV**, à Enfants
Appliques **Louis XV**, agrandies. }

113 — Patère avec branche à feuilles et graines.

114 — Grande Patère **Louis XIV**, à feuilles.

115 — Branches **Louis XV**, pour 5 lumières, partie et contre-partie.

116 — Culot de bras orné de chêne et laurier.

117 — Grand Culot de bras orné de chêne et laurier.

118 — Grand Bras Console **Louis XIV**, pour lanterne.

119 — Grande Console **Louis XIV**, pour lanterne.

120 — Grand Bras-Console **Louis XIV**.

121 — Bras **Louis XIV**, console support.

122 — Patère **Louis XV**, à rosace, avec branche.

123 — Grande Branche **Louis XIV**, patère à feuilles et plateau pour lampe.

124 — Grande Branche **Louis XIV**, sans patère.

125 — Grosse Branche carrée **Louis XIV**, patère ronde à feuilles.

126 — Grosse Branche **Louis XV**, sur patère, à palmes.

127 — Grande Branche **Louis XVI**, sur cartouche feuilles de laurier.

128 — Branche **Louis XIV**, sur grande patère à tête de satyre.

Fondu sur ancien.

129 — Applique d'angle **Louis XIV**, grand modèle.

Fondu sur un bois ancien.

130 — Applique à vase, pour bras.

131 — Branche **Louis XIV**, à chapiteau, sur grande patère à jour.

132 — Patère **Louis XVI**, à feuilles, avec branche et ruban.

133 — Trois Patères **Louis XVI**, dont une avec branche, rinceaux à feuilles.

134 — Branche **Louis XIV**, sur patère à tête de satyre.

Fondu sur ancien.

135 — Grande Patère **Louis XIV**, tête de femme, branche unie.

136 — Trois grandes Patères **Louis XIV**, dont une à chutes de fleurs.

137 — Grande **Applique Louis XIV**, quadrillée, à feuilles.

138 — Deux **Appliques** à feuilles, dont une à graine.

139 — **Culot** à feuilles.

140 — Deux Appliques, **style grec**, deux grandeurs.

141 — Deux Chutes **Louis XV**, disposées avec boîtes à gaz.

142 — Deux Appliques **Louis XIV**, à petites volutes.

143 — Deux Patères à trèfles, style **Renaissance**.

144 — **Applique** unie forme cœur.

145 — **Applique** Cartouche à coquille.

146 — Branche **Louis XVI**, sur petite patère, console riche.

147 — Deux Appliques **Louis XV**, à enfants.

Fonte seulement.
Fondu sur ancien.

148 — Deux Appliques **Renaissance**.

149 — Deux Appliques **Louis XV**, à feuilles.

150 — Deux Appliques petites, **Cartouche**.

151 — Deux **Appliques** longues, à volute et lauriers.

152 — **Applique** fleurdelysée, avec armoiries.

Fonte seulement.
Fondu sur ancien.

153 — **Applique** à médaillons et perles, avec chutes de lauriers.

154 — Culot **Louis XVI**, pour départ de branches.

155 — Deux Appliques, **médaillons** à guirlandes, dont une à jour pour glace.

156 — Trois Patères **Cartouche**.

157 — Grande Applique **Louis XIV**, pour glace, tête à rayons.

158 — Patère à **gaine** avec oves (Incomplete).

159 — Deux Appliques à médaillons, **têtes à fleurs**, grand et petit modèle.

160 — Grande Applique **Cartouche.**

161 — Grande Patère **Louis XV**, à coquille et feuille.

162 — Deux **Appliques** à feuilles, une carrée et une octogone, avec gorge.

163 — **Applique** carrée, à feuilles.

164 — Trois Appliques, **Cartouches** divers, pour bras flamands.

165 — Trois **Appliques,** même modèle, à vases et consoles plates.

166 — Trois Appliques **Louis XVI**, branches à lauriers et divers.

167 — Applique **Renaissance,** forme allongée.

168 — Trois **Appliques** quadrillées.

169 — Quatre **Appliques** plates découpées, pour branches flamandes ou unies.

170 — Trois **Patères** forme cartouche, gravées.

171 — Trois Appliques à **Palmettes,** fond quadrillé, dont une d'encoignure.

172 — Trois **Appliques** plates unies.

173 — Cadre **Louis XIV**, pour glace.

174 — Cadre **Louis XIV** pour glace, avec disposition de lumières.

175 — Deux Appliques **Louis XV,** pour bras.

176 — Quatre Culots à feuilles, pour départ de branches.

177 — Trois **Patères** à écussons, cerclés de perles.

178 — Patères **Louis XIV,** genre cartouche.

179 — Quatre grands Patères **Cartouche,** dont une d'angle.

180 — Deux Appliques **losanges à feuilles** et rosace ovale.

181 — Deux grandes **Appliques** et une petite découpée.

182 — Trois **Appliques** unies, losanges, etc.

183 — Patère **Renaissance**, à console support de branches.

184 — Patère **Carquois Louis XVI**, à flèche.

185 — Grande **Applique** saillante, à quatre feuilles.

186 — Patère **Louis XIV,** à rosace.

187 — Patère **Louis XVI**, carquois.

188 — Patère **Louis XVI**, Écusson branche de lauriers.

189 — Applique **Louis XV** petite, à fleurettes.

190 — Applique **gros Enfant.**

191 — Applique **Chimère.**

LANTERNES

STYLES LOUIS XIII, LOUIS XIV, LOUIS XV ET LOUIS XVI

192 — Lanterne **Louis XV**, très grand modèle, à 5 pans à consoles. — Haut. 3ᵐ25.

193 — Lanterne **Louis XV**, très grand modèle, à 6 pans et à consoles, verres plats. — Haut. 3ᵐ30.

194-195 { Lanterne **Louis XVI**, très grand modèle, forme ronde, cercle à oves, montants à médaillons, draperies ou guirlandes de fleurs sur les verres.

Lanterne **Louis XVI**, grand modèle. Réduction de celle ci-dessus. }

196 — Lanterne **Louis XV**, grand modèle, à 5 pans, moulures unies plates, cadre à feuilles.

197 — Lanterne **Louis XVI**, grand modèle, cercle à oves, galerie à balustres, montants à ornements, avec consoles.

Fondu sur ancien.

198 — Lanterne ronde, moulures unies et console.

199 — Lanterne **Louis XVI**, grand modèle, conique à 4 glaces ovales et 4 étroites. Montants à console têtes de femme, couronne de marquis.

200 — Lanterne **Louis XVI**, grand modèle, ronde, cercle à oves, moulures unies et console.

201 — Lanterne grand modèle, ronde, moulures unies et console.

202 — Lanterne **Louis XV**, grand modèle, moulures contournées, pour 5 verres, cadre, ornements à feuilles.

203 — Lanterne unie, à 5 pans plats, cadres et listels.

204 — Lanterne **Louis XV**, grand modèle, moulures contournées, cadres à ornements, lauriers et rubans.

Fondu sur ancien.

205 — Lanterne **Louis XV**, moulures plates, pour 5 verres, cadres à ornements, coquille.

Fondu sur ancien.

206-207-208-209 — Lanterne **Louis XIV**, grand modèle, conique à 6 pans, têtes de lion, couronne et culot.

La même, 1re réduction.

La même, 2e réduction.

La même, 3e réduction avec culot différent.

210 — Lanterne **Louis XV**, grand modèle à 5 pans, pour verres plats avec consoles et ornements d'angle.

211 — Lanterne **Louis XIV**, grand modèle conique à 6 pans, grosses moulures unies, consoles haut et bas.

212 — Lanterne **Louis XVI**, grand modèle, enfants pilastres, vases à fleurs, cage contournée, tors de feuilles à jour et consoles.

Fondu sur ancien.

213 — La même, réduite (Première réduction).

214 — La même, réduite. (Deuxième réduction).

215 — Lanterne **Louis XIV**, grand modèle à 8 glaces.

Sera vendu avec les n°s 231 et 232.

216 — Lanterne **Louis XVI**, cercle à oves, galerie à balustre et consoles à poignées d'arc.

Fondu sur ancien.

217 — Lanterne **Louis XVI**, modèle de Trianon, montants à carquois, flèche et arcs, consoles deux enfants et descente de lumière à l'intérieur.

218 — Lanterne, grand modèle, moulures unies, pour 4 verres, avec console.

219 — Lanterne **Louis XV**, moulures unies contournées, cadre à coquille.

Fondu sur ancien.

220 — Lanterne grand modèle, ronde, à 4 verres, cadres unis à console.

221 — Lanterne à moulures unies, 6 pans plats à console.

222 — Lanterne grand modèle, ronde, à 4 verres, moulures unies et console.

223 — Lanterne grand modèle, à 6 pans plats, moulures unies et console.

224 — Lanterne **Louis XVI,** grand modèle, cercle à oves, cage à rais de cœur et consoles.

225 — Lanterne **Louis XVI,** grand modèle, cercle à oves, cage contournée, sans consoles.

226-227 — Lanterne conique à 6 pans, gros entrelacs. La même, grandie.

228-229 — Lanterne **Louis XVI** conique, à 4 glaces ovales et 4 entre-deux, consoles à têtes de bélier. Modèle riche. La même, grandie.

230 — Lanterne **Louis XVI** conique, à 6 pans, consoles haut et bas.

231-232 — Lanterne **Louis XIV** ovoïde à 8 glaces. (Exécutés d'après dessin ancien.) La même, avec cage unie.

Seront vendus avec le n° 215.

233-234-235 — Lanterne **Louis XVI** carrée à oves, grecques et tors à ruban. Le dessus couvert est orné de draperie.

La même, réduite (première réduction), avec dessus ouvert.

La même, réduite (deuxième réduction), avec dessus ouvert.

236-237 — Lanterne **Louis XIV**, conique à 6 pans, montants à consoles et moulures riches.

Grand support **Louis XIV** pour ladite.

238-239 — Lanterne **Gothique**, à six pans avec consoles haut et bas.

Lanterne **Gothique**, à 6 pans, montants unis.

240 — Lanterne **Louis XVI**, petit modèle à 6 verres avec console et potence.

241-242 — Lanterne **Louis XVI**, cercle à oves, montants et dessous à frises lauriers et consoles.

Fondu sur ancien.

Lanterne **Louis XVI**, réduction et modification de celle ci-dessus.

243 — Lanterne **style Vénitien**, consoles et ornements à trèfles.

244 — Lanterne, cage carrée, cercles et montants guillochés avec console.

Fondu sur ancien.

245 — Lanterne **Louis XVI** conique, à quatre montants, cercle à oves, le dessus fermé, draperies sur les verres.

246-247 — Deux Lanternes **Louis XIV**, appliqué à 5 verres, avec ornements à jour.

248 — Lanterne **Louis XIV**, grand mo[illegible] conique à 4 verres, couronnement à godrons.

249 — Lanterne **Louis XIII**, à six pans droits, genre ferraille, consoles riches.

250 — Lanterne **Louis XIV** à six pans, conique, consoles et culot à feuilles et grosses guirlandes.

Fondu sur ancien.

251-252 { Lanterne **Louis XV** à 5 pans contournés, moulures et consoles creuses.

Lanterne **Louis XV** à 5 pans contournés, moulures et consoles creuses (réduction de celle ci-dessus).

Fondu sur ancien. }

253 — Lanterne **Louis XV**, riche à 5 pans, contournés et vase d'angle.

254 — Lanterne **Louis XIV**, grande cage octogone avec 4 grands cadres et 4 petits.

La cage seulement.

255-256-257 — Lanterne **Louis XIV** à 48 glaces, avec couronne et figure.

Modèle de Versailles.
Fondu sur ancien.

La même, premier grandissement.

La même, deuxième grandissement.

258-259 — Lanterne **Louis XIII** à 5 pans, conique, avec couronne et culot.

Ce modèle est ancien. Il est en plomb doré à la feuille.

Lanterne **Louis XIII**. Reproduction de la précédente.

260 — Lanterne **Renaissance** ronde, à 4 montants, ornements à jour.

261 — Lanterne ronde, petit modèle à moulures unies, 4 verres avec console.

262 — Lanterne **Louis XV**, petit modèle, moulures unies contournées, cadre avec ornements à feuilles.

Fondu sur ancien.

263 — Lanterne **Louis XV**, petit modèle, moulures unies contournées, cadre avec ornements à feuilles.

Fondu sur ancien.

264 — Lanterne à 5 pans plats, moulures unies et console.

265 — **Lanterne** ronde, moulures unies et console.

266 — Lot de Bandes pour lanternes **Louis XV** et moulures contournées.

267 — Lot Éléments pour Lanterne à **Palmes**.

268 — Lot de **Montants** et **Traverses** unies droites, pour Lanternes.

MONTURES

POUR VASES, ANSES, CONSOLES, CERCLES PIEDS, ROSACES, GUIRLANDES

269 — Lot **Anses** pour Vases.

270 — Lot **Anses** pour Vases.

271 — Lot **Anses** pour Vases.

272 — Lot **Anses** pour Vases.

273 — Lot **Anses** pour Vases.

274 — Lot **Anses** pour Vases.

275 — Lot **Anses** pour Vases.

276 — Lot **Anses** pour Vases et Consoles.

277 — Lot **Consoles** pour monture de pieds.

278 — Lot **Consoles** pour montant de pieds.

279 — Lot petits **Pieds** à feuilles.

280 — Lot petits **Pieds** à feuilles et oiseaux.

281 — Lot **Consoles** pour moulures de Vases.

282 — Lot **Aigles** et **Oiseaux** divers.

283 — Lot pieds **Louis XIV** pour montures de Vases.

284 — Lot pieds **Louis XIV** pour montures de Vases.

285 — Lot pieds **Louis XIV** pour montures de Vases.

286 — Lot pieds **Louis XIV** pour montures de Vases.

287 — Lot pieds **Louis XIV** et Lot **Louis XV** pour Vases.

288 — Lot Cercles **Louis XV** pour Collets de Vases.

289 — Lot Cercles **Louis XV** pour Collets de Vases.

290 — Lot Cercles **Louis XV** pour Collets de Vases.

291 — Lot Cercles **Louis XV** pour Collets de Vases.

292 — Lot de **pieds**.

293 — Lot pieds **Louis XV** pour montures de Vases.

294 — Lot pieds **Louis XV** pour montures de Vases.

295 — Lot pieds **Louis XV** pour montures de Vases.

296 — Lot pieds **Louis XV** pour montures de Vases.

297 — Lot pieds **Louis XV** pour montures de Vases.

298 — Lot pieds **Louis XV** pour montures de Vases.

299 — Lot pieds **Louis XIV** et **Louis XV** pour montures de Vases.

300 — Lot pieds **Louis XIV** et **Louis XV** pour montures de Vases.

301 — Lot pieds **Louis XVI** ronds fûts cannelés.

302 — Lot pieds **Louis XVI** carrés.

303 — Lot pieds **Louis XVI** ronds.

304 — Lot deux pieds **Louis XVI**.

305 — Lot Pieds **Louis XVI**, carrés, fûts cannelés.

306 — Lot Pieds **Louis XIV** et **Louis XVI**.

307 — Lot Pieds **Louis XVI**, fûts cannelés, unis et triangulaires.

308 — Lot **Pieds** carrés à coins creux.

309 — Lot **Pieds** carrés à coins creux.

310 — Lot **Pieds** carrés à coins creux.

311 — Lot **Pieds** carrés à coins creux.

312 — Lot **Pieds** carrés à coins creux.

313 — Lot **Pieds** carrés à coins creux.

314 — Lot **Pieds** triangulaires.

315 — Lot **Pieds** triangulaires.

316 — Lot **Pieds** triangulaires.

317 — Lot **Pieds** triangulaires.

318 — Lot **Pieds** triangulaires.

319 — Lot **Pieds** triangulaires, dont deux avec consoles.

320 — Lot Pieds **Louis XIV**, de forme ovale avec ressauts.

321 — Lot de parties de **Cercles et Ornements** pour vase.

322 — Lot de parties de **Cercles et Ornements** pour vase.

323 — Lot de parties de **Cercles et Ornements** pour vase.

324 — Lot de parties de **Cercles et Ornemenis** pour vase.

325 — Lot de parties de **Cercles et Ornements** pour vase.

326 — Lot de parties de **Cercles et Ornements** pour vase.

327 — Lot de parties de Cercles **chinois**.

328 — Lot de parties de Cercles **chinois**.

329 — Lot de parties de Cercles **chinois**.

330 — Lot de parties de Cercles **chinois**.

331 — Lot de parties de Cercles **chinois**.

332 — Lot de Frises **Louis XVI**.

333 — Lot de Frises **Louis XVI**.

334 — Lot de Frises **Louis XVI**.

335 — Lot de Frises **Louis XVI**.

336 — Lot de Frises **Louis XVI**.

337 — Lot de Frises **Louis XVI**.

338 — Lot de Frises **Louis XVI**.

339 — Lot de Frises **Louis XVI**.

340 — Lot de **Rosaces**.

341 — Lot de **Rosaces**.

342 — Lot de **Rosaces**.

343 — Lot de **Rosaces**.

344 — Lot de **Rosaces** petites.

345 — Lot **Dauphins**, Chimères et petits Ornements.

346 — Lot de petites **Guirlandes et Chutes**.

347 — Lot de petites **Guirlandes et Chutes**.

348 — Lot de grandes **Guirlandes et Chutes**.

349 — Lot de grandes **Guirlandes et Chutes**.

350 — Lot de grandes **Guirlandes et Chutes**.

351 — Lot de grandes **Guirlandes et Chutes**.

352 — Lot de grandes **Guirlandes et Chutes**.

353 — Lot de grandes **Guirlandes et Chutes**.

354 — Lot de grandes **Guirlandes et Chutes.**

355 — Lot de **Guirlandes**, anses à vigne et divers.

356 — Lot de **Guirlandes**, rinceaux, anses et divers.

357 — Lot de **Chutes et Baguettes** de chêne et laurier.

358 — Lot de **Chutes et Baguettes** de chêne et laurier.

359 — Lot de **Guirlandes et Chutes**, chêne et laurier.

360 — Lot de **Guirlandes** de chêne et laurier.

361 — Lot de **Guirlandes** et petites pièces.

362 — Lot de **Guirlandes** chêne et laurier.

363 — Lot **Chutes et Nœuds** de rubans.

364 — Lot **Nœuds** de rubans.

365 — Lot **Nœuds** de rubans.

366 — Lot de petits **Nœuds** de rubans.

367 — Lot **Draperies.**

368 — Lot de grosses **Couronnes.**

369 — Lot de **Consoles** têtes d'Ange, de Bélier et Dragon.

370 — Lot Moulures **Louis XIV** et **Louis XVI**.

371 — Lot **Moulures** diverses.

372 — Lot **Moulures** diverses.

373 — Lot **Moulures** diverses.

374 — Lot **Fleurons** divers.

375 — Lot **Fleurons** divers.

376 — Lot **Fleurons** divers.

377 — Lot de **Culots** divers,

378 — Lot **Anses** et Pièces pour vases.

379 — Lot **Montures** pour buires et pièces diverses.

380 — Lot de petits **Culots** divers.

381 — Lot **Chiffres** et petites Pièces diverses.

382 — Lot **Attributs** et petites Pièces diverses.

383 — Lot **Pieds** triangulaires et **Consoles** à têtes de Femme et Bélier.

384 — Lot grosses **Têtes de Lion, Bélier** et autres.

385 — Lot **Têtes de Femmes, de Satyres**, etc.

386 — Lot **Fleurons et Ornements** pour rampes en fer.

387 — Lot **Flenrons et Ornements** pour rampes en fer.

388 — Lot **Fleurons et Ornements** pour rampes en fer.

389 — Lot **Fleurons et Ornements** pour rampes en fer.

390 — Lot Branches **Louis XV**.

391 — Lot Branches **Louis XV**.

392 — Lot Branches **Louis XV**.

393 — Lot Branches **Louis XV**.

394 — Lot Branches **Louis XV**.

395 — Lot Branches **Louis XV**.

396 — Lot Branches **Louis XV**.

397 — Lot Branches **Louis XV**.

398 — Lot Branches **Louis XV**.

399 — Lot Branches **Louis XV**.

400 — Lot de Branches **Louis XV**, en fourche.

401 — Lot de Branches **Louis XV**, en fourche.

402 — Lot de Branches **Louis XV**, en fourche.

403 — Lot **Branches de lys**, fleurs et boutons.

404 — Lot **Branches de lys**, fleurs et boutons.

405 — Lot **Branches de lys**, fleurs et boutons.

406 — Lot **Branches de lys**, fleurs et boutons.

407 — Lot **Fleurs, Graines et Fruits divers.**

408 — Lot **Fleurs, Graines et Fruits divers.**

409 — Lot **Fleurs, Graines et Fruits divers.**

410 — Lot **Fleurs, Graines et Fruits divers.**

411 — Lot **Fleurs, Graines et Fruits divers.**

412 — Lot **Fleurs, Graines et Fruits divers.**

413 — Lot **Fleurs, Graines et Fruits divers.**

414 — Lot **Fleurs, Graines et Fruits divers.**

415 — Lot **Fleurs, Graines et Fruits divers.**

416 — Lot **Fleurs, Graines et Fruits divers.**

417 — Lot **Fleurs, Graines et Fruits divers.**

418 — Lot **Fleurs, Graines et Fruits divers.**

419 — Lot **Pièces** tournées à ornements divers.

420 — Lot **Pieds et Consoles** pour candélabres.

421 — Lot **Pieds et Consoles** pour candélabres.

422 — Lot **Consoles,** pied triangle et divers.

423 — Lot **Triangles,** pièces de Vases et Brandons.

424 — Lot **Pièces** à figures pour candélabres.

425 — Lot **Anses** diverses, Pieds-de-biche, etc.

426 — Lot **Branches** détails de buires et collets.

427 — Lot **Pied** triangulaire et Pieds ronds.

428 — Lot **Pieds** ronds avec avant-corps.

429 — Lot **Cariatides** et Enfants.

430 — Lot **Figures,** Faune et Bacchante et Enfants, Tritons.

431 — Lot **Cornets** divers pour bouquets de lumières.

432 — Lot **Cornets** divers pour bouquets de lumières.

433 — Lot petites **Rosaces.**

434 — Lot **Branches** de lauriers et chutes à rubans.

435 — Lot **Branches** de lauriers et chutes à rubans.

436 — Lot **Moulures** cordées.

437 — Lot **Moulures** cintrées pour lanternes.

438 — Lot **Moulures** cintrées pour lanternes.

439 — Lot **Moulures** cintrées pour lanternes.
Fonte seulement.

440 — Lot **Montants** de lanternes.
Fonte seulement.

441 — Lot **Moulures** à frises et à balustres pour lanternes.

442 — Lot **Tête de Lion**. Console et Coquille pour lanternes.

443 — Lot **Galeries** à balustres et moulures cordées pour lanternes.

444 — Lot **Moulures** à oves pour lanternes.

445 — Lot **Galeries** à balustres pour chenets.

446 — Lot **Galeries** à balustres pour chenets.

447 — Lot de **Frontons** de pendules. Socles et Guirlandes.

448 — Lot **Socles et Moulures** à lauriers pour pendules.

449 — Lot **Pièces** pour candélabres.

450 — Lot **Socles** de pendules, Candélabres et Moulures.

451 — Lot **Socles** de pendules. Candélabres et Moulures.

452 — Lot grandes **Plumes et Palmes**.

453 — Grande pour **Applique** pilastre de cheminée, Médaillon et Feuilles.

CHENETS

454 — Chenêt **Louis XVI**, vase ovale sur lambrequin, pieds à griffes.

455-456 — Chenêts **Louis XIV** à vases, lauriers et trophées guerrier.

Fondu sur ancien.

457 — Chenêt **Louis XVI**, de forme ovale, cannelé sur fût à consoles et guirlandes.

Fondu sur ancien.

458 — Chenêt **Louis XVI**, à enfant, avec côtés partie et contre-partie.

459 — Chenêt **Louis XVI**, vase œuf cannelé, console à tête de Femme et à tête de Bélier. Le socle n'a pas de frise.

460 — Chenêt **Louis XIV**, à grands montants, consoles, volutes et pied à jours.

Manque l'ornement du haut.

461-462 — Chenêts **Louis XVI**, grand modèle, à frises riches, vase cassolette avec flamme, consoles et griffes.

463-464 — Deux Chenêts **Louis XVI**, consoles, volutes, fûts ronds sur socles à ornement, vase avec flamme, guirlandes de fleurs et anse.

465 — Chenêt **Louis XVI**, à vase, sur fût rond cannelé, à guirlandes.

466 — Chenêt **Louis XVI**, sur gros fût rond cannelé, à guirlandes.

Sans vase.

467 — Chenêt **Louis XVI**, à quatre consoles, vase et guirlande de fruits.

Fondu sur ancien.

468 — Chenêt **Louis XIV**, pied creux avec ornements palmettes, vase rond, graines et fruits.

Fondu sur ancien.

469 — Chenêt à Consoles sur socle contourné, à moulure gravée, grande bande.

470 — Chenêt **Louis XIV**, à console pilastre, avec vase et anse.

Fonte seulement.

471 — Socle de Chenêt **Louis XIV**, pied à têtes de Chimères et guirlande de fruits (Incomplet).

Fondu sur ancien.

472 — Socle et montant de Chenêt **Louis XIV** (Incomplet).

473-474 — Deux Chenêts **Louis XVI** et vase (Incomplets).

Fondu sur ancien.

475-476 — Partie et contre-partie de Chenets, sans vase.

477-478 — Chenêts **à pilastres** carrés, sans ornements ni vases.

Fondu sur ancien.

479-480 — Parties de Chenêts **Louis XVI**, à médaillons, sans fûts ni vases.

Fondu sur ancien.

SURTOUT DE TABLE

ET PIÈCES DÉTACHÉES

481-482-483-484-485 — Grande Pièce de surtout style **Louis XVI**, avec groupe de 4 enfants sur le milieu et en deux modèles faisant contre-partie, vase à guirlandes sur les avant-corps.

Corbeille ovale à écussons. Réduction de la pièce ci-dessus, pieds à grandes feuilles et vases sans enfants.

(SUITE) 481 - 482 - 483 - 484 - 485

Pied à écusson et consoles à feuilles pour candélabres.

Pied à trois consoles à feuilles et enfant, avec brandon pour monture d'assiette.

Pied à trois consoles.

Réduction du précédent.

486 - 487

Grande Corbeille à joncs tressés, anses vigne, pied à 2 enfants.

Pied à 2 enfants. Réduction de la Corbeille ci-dessus.

488 — Grande Corbeille ovale, **Louis XV**, anses vigne. Enfant suspendu à une treille.

489 — Grande Corbeille **Louis XV**, à 2 figures de femmes soutenant un écusson, anses à lierre.

490 — Grande Corbeille **Louis XV**, à écusson.

491 — **Corbeille** ovale à jour, anses lierre.

492 — **Corbeille** basse, ovale à jour, anse.

493 — **Corbeille** ovale à jour, anses.

494 — Corbeille **Louis XVI**, ovale, à rubans.

495 — Grande Corbeille **Louis XVI**, ovale, allongé, à rubans et tors de laurier.

496 — Grande Corbeille **Louis XIV**. Sans pieds. Incomplète.

497 — Petite Corbeille **Louis XV,** basse, à jour.

498 — Cercle à jours, **Vigne et Bois,** pour plateau à glace.

499 — Cercle **Louis XIV,** pied à fleurons et petit motif pour corbeille.

500 — Motif à **rinceaux et feuilles,** pour couronnement de corbeille.

501 — Une **Ans** à vigne pour corbeille.

502 — Pied à jour avec **écusson,** feuille et patin, et 2 autres pieds, sans patins.

503 — Pied à gorge, quadrillé, patins et feuilles.

504 — Trois Pièces à gorge, quadrillées.

505 — Trois Pièces à jour, pour pieds triangulaires.

506 — Pied rond **Louis XVI,** à consoles et médaillons, pour assiette.

507 — Petite **Console** à figure d'ornement pour pieds.

508 — Pied à 3 figures **Syrènes.**

509 — Deux Figures **Triton et Naïade.**

CANDÉLABRES, FLAMBEAUX, VASES ET ENCRIER LOUIS XV

511 — Candélabre **Louis XIV,** à 3 branches, Consoles sur pied rond à feuilles.

Fondu sur ancien.

512 — Candélabre-**Balustre** triangulaire, pied rond à 3 consoles.

513 — Candélabre **Louis XVI**, pied triangulaire. Console à figure de femme.

514 — Candélabre **Flamand**, enfilage à boule, pied rond uni.

515 — Flambeau **Louis XVI**, à balustre, bobèche torse.

Fonte seulement.

Fondu sur ancien.

516 — Flambeau **Louis XVI,** pied rond à feuilles d'eau et fleurettes, colonne cannelée, coupée de cercles à jour.

517 — Cassolette **Vase-Œuf.** Console à tête de femme pied triangulaire, gorge à jour pour le haut.

Fondu sur ancien.

518 — Cassolette **Louis XVI**. Console à tête de Faune, pied triangulaire.

Fondu sur ancien.

519 — Vase **Louis XVI,** tors avec anse sur pied carré à fleurons.

Fondu sur ancien.

520-521 { Vase **Japonais**, à double écusson pour lampe.
Vase **Balustre** japonais, ornements en relief. }

522 — Corps de **Vase** à bas-relief d'enfants, par Auguste Moreau, d'après Clodion.

523 — Vase **Louis XVI,** de forme ovoïde, les anses sont formées par des cariatides, figures de femmes, reliées par des rinceaux à volute et raisins, gorge riche et culot à épis, pied rond à feuilles.

Fondu sur ancien.

(Ce vase en porcelaine céladon est au Louvre dans le Musée des Souverains.)

524 — Encrier **Louis XV**, formé de branches rocaille, portant deux lumières. (Sur une forme unie.)

Fondu sur ancien.

MOTIFS POUR MEUBLES

PIÈCES POUR CHEMINÉES ET DIVERS

525 — Lot **Motifs** pour meubles.

526 — Lot **Motifs** pour meubles.

527 — Lot **Fleurons** pour meubles.

528 — Lot grands **Motifs** pour cheminées.

529 — Lot grands **Motifs** pour cheminées.

530 — Lot grands **Motifs** pour cheminées.

531 — Lot grands **Motifs** pour cheminées.

532 — Lot grands **Motifs** pour cheminées.

533 — Lot grands **Motifs** pour cheminées.

534 — Grand Motif de cheminée **Louis XV** (sur une pierre).

535 — Lot Motifs **Louis XVI** pour cheminées.

536 — Lots Motifs **Louis XVI** pour cheminées.

537 — Lot de **Poupées** de chenêts, pelles et pincettes.

538 — Lot **Pieds** de flambeaux.

539 — Lot **Pieds** de flambeaux et balustres.

540 — Lot **Porte-Embrasses** de rideaux.

IMPRIMERIE A. MAULDE ET Cie

144, RUE DE RIVOLI. — PARIS

www.ingramcontent.com/pod-product-compliance
Ingram Content Group UK Ltd.
Pitfield, Milton Keynes, MK11 3LW, UK
UKHW021519260726
13993UKWH00004B/1766